D1935453

In derselben Reihe erschienen:

ISBN 978-3-480-22156-1

ISBN 978-3-480-22276-6

ISBN 978-3-480-22382-4

ISBN 978-3-480-22474-6

Mitarbeit: France Lane und Fanny Pallaro

© 2009 Éditions MILAN – 300, rue Léon-Joulin,
31101 Toulouse Cedex 9, Frankreich.
Die französische Originalausgabe erschien erstmals 2009 unter dem Titel «Mon encyclo des bébés animaux» bei Éditions Milan.
www.editionsmilan.com

Aus dem Französischen von Nadine Scherr
Alle Rechte der deutschsprachigen Ausgabe:
© 2010 Esslinger Verlag J.F. Schreiber
Anschrift: Postfach 10 03 25, 73703 Esslingen
www.esslinger-verlag.de

ISBN 978-3-480-22644-3

Mein erstes Lexikon der Tierkinder

esslinger

Inhalt

Seite 8

Die Geburt

Seite 22

Drollige Babys

Seite 38

Familien-leben

Seite 50

Guten Appetit!

Die Geburt

Tiere werden auf unterschiedliche Weise geboren. Manche kommen aus dem Bauch ihrer Mutter. Andere erblicken das Licht der Welt aus einem Ei. Schnell, schau dir die Kleinen an!

Aus dem Bauch

Viele Tierbabys entwickeln sich im Bauch ihrer Mutter. Bei der Geburt kommen sie aus dem Bauch heraus und werden dann von der Mutter mit Milch gesäugt. Deshalb heißen sie Säugetiere.

Das Gnu

Die kleinen Gnus in der afrikanischen Savanne sehen alle gleich aus. Doch innerhalb der Herde erkennt jede Mutter ihr Kind an seinem Geruch und an seinem Schreien.

Gleich nach der Geburt ist das kleine Gnu startklar. Nach drei Minuten kann es bereits aufstehen und laufen!

Die Gazelle

Die Gazelle entfernt sich von der Herde, um ihr Junges auf die Welt zu bringen. Sehr schnell kommt das Baby aus ihrem Bauch heraus. Es ist ganz nass! Seine Mutter leckt es ab, um es zu trocknen und um zu prüfen, ob es gesund ist.

Ein Löwe nähert sich ... Schnell putzt die Mutter ihr Junges, damit die Raubkatze es nicht riecht.

Der Elefant

Bis zur Geburt verbringt das Elefantenbaby mehr als doppelt so viel Zeit im Bauch seiner Mutter wie du: fast zwei Jahre! Kaum ist es auf der Welt, interessieren sich die anderen Elefanten in der Herde für das Kleine und kümmern sich von nun an abwechselnd darum.

Das Elefantenbaby ist bei der Geburt noch von der Fruchtblase umhüllt.

Die Robbe

Wie der Delfin und der Wal lebt die Robbe im Meer und säugt ihr Junges: Sie ist ein Meeressäuger, bringt ihr Baby aber trotzdem an Land zur Welt. Nach ein paar Wochen nimmt die Mutter ihr Junges dann zum ersten Mal mit ins Wasser zum Schwimmen.

Die Robbe hilft ihrem Jungen dabei, aus ihrem Bauch herauszukommen.

Der Esel

Der kleine Esel wächst zusammengerollt im Bauch seiner Mutter heran. Bei der Geburt kommt er mit den Hufen voran heraus. Danach muss er erst einmal seinen Körper auseinanderfalten …
Er braucht nur eine knappe halbe Stunde, bis er laufen und trinken kann!

Gleich nach der Geburt versucht der Esel aufzustehen, um bei seiner Mutter zu trinken.

Brütende Väter

Weißt du, was der Kaiserpinguin, der Sonnenkardinalbarsch und der Seedrachen gemeinsam haben? Bei ihnen bringt der Papa die Jungen zur Welt!

Geburtshelferkröten tragen ihre Eier mehr als einen Monat lang mit sich herum.

Die Geburtshelferkröte

Dieses Tier bringt seine Jungen auf ungewöhnliche Weise zur Welt. Das Weibchen legt seine Eier auf den Hinterbeinen des Männchens ab. Das Männchen behält die Eier nun bis zum Schlüpfen der Jungen bei sich.

Der Kaiserpinguin

Das Weibchen des Kaiserpinguins legt ein einziges Ei. Danach begibt es sich ins Wasser, um auf Nahrungssuche zu gehen. Das Männchen kümmert sich jetzt Tag und Nacht um das Ei. Es frisst nicht, bis das Weibchen wieder zurück ist.

Was für eine Arbeit! Damit das Ei nicht zerbricht oder auskühlt, muss der Kaiserpinguin es immer sicher und warm auf seinen Füßen halten.

Das Seedrachen-Männchen hat die Eier vom Weibchen übernommen.

Der Seedrachen

Beim Seedrachen trägt das Männchen die Eier auf seinem Schwanz. Die Jungen bringt es auf die Welt, indem es sich in alle Richtungen dreht.

Der Sonnenkardinalbarsch

Noch ein außergewöhnlicher Fisch: Das Männchen des Sonnenkardinalbarsches „brütet" die Eier in seinem Maul aus. So hat kein Räuber die Möglichkeit, sie zu stehlen!

Der Sonnenkardinalbarsch trägt die Eier bis zum Schlüpfen der Jungen in seinem Maul herum.

Unter Wasser

Gluck, gluck! Die meisten Tiere, die im Meer leben, bringen ihre Jungen unter Wasser zur Welt. All diese Babys können vom ersten Tag an schwimmen.

Der kleine Delfin bleibt bei seiner Mutter, bis er fünf Jahre alt ist.

Der Delfin

Dieses Säugetier wird im offenen Meer aus dem Bauch der Mutter geboren. Es muss sofort nach der Geburt lernen zu atmen. Deshalb bringt die Mutter gemeinsam mit einem anderen Weibchen das Kleine schnell an die Wasseroberfläche, damit es dort Luft holen kann.

Der Katzenhai

Wie alle Fische kann der kleine Katzenhai sehr gut unter Wasser atmen. Er wächst in einem ziemlich merkwürdigen Ei heran: Es sieht aus wie eine längliche Kapsel mit Fäden. Mit diesen Fäden befestigt die Mutter die Kapsel an Algen, um sie vor der Meeresströmung zu schützen.

Der Katzenhai verbringt sieben Monate in seinem Ei, gut versteckt inmitten von Algen.

Der Grunion gehört zur Familie der Ährenfische und lebt vor der Küste Kaliforniens.

Der Grunion

Dieser kleine Fisch legt tausende Eier an den Stränden ab. Nach dem Schlüpfen lassen sich die Jungen von den Wellen ins Meer tragen.

Der Krake

Er ist ein erstaunliches sogenanntes Weichtier, mit einem ganz weichen Körper ohne Knochen. Der Krake hat tausende Geschwister. Wie sie wird er aus einem Ei geboren, das seine Mutter in einer Felsöffnung im Meer abgelegt hat.

Nach der Geburt lässt sich der kleine Krake rückwärts auf den Meeresboden sinken, um dort zu leben.

Aus dem Ei

Viele Tierbabys wachsen in einem Ei heran.
Bis zu dem Tag, an dem sie die Eierschale aufbrechen – jetzt schlüpfen sie!

Der Strauß

Knack, knack! Mehrere kleine Köpfe schauen aus den Eierschalen hervor: Es sind kleine Strauße, die alle zur selben Zeit geboren werden. Sie schlüpfen aus großen Eiern, die sie mit dem härtesten Teil ihres Schnabels aufpicken.

Die kleinen Strauße können vom ersten Tag an laufen. Sie lernen jedoch nie fliegen, obwohl es Vögel sind.

Die Eidechse

Bei ihrer Geburt hat die Eidechse schon leuchtend grüne Schuppen. Sie ist aus einem Ei geschlüpft. Andere Reptilien, die Blindschleichen zum Beispiel, legen keine Eier. Bei ihnen werden die Jungen aus dem Bauch der Mutter geboren.

Das Eidechsenbaby wächst drei Monate in seinem Ei heran, bevor es schlüpft.

Die Eier der Natter haben eine ganz weiche Schale.

Die Natter

Die Natter schlüpft ohne Schwierigkeiten aus einem ganz weichen Ei. Jetzt kann sie endlich ihren Körper ausrollen und sich auf die Jagd nach Regenwürmern und Schnecken begeben.

Der Rotmilan

Wie drollig er aussieht! Nach einem Monat in seinem schützenden Ei hat der Rotmilan die Schale aufgebrochen: Er kommt ganz strubbelig zur Welt.

Zwei kleine Rotmilane haben sich schon aus ihrem Ei befreit. Der dritte wird wohl auch bald schlüpfen.

Sonderfall Schnecken

Bei fast allen Tieren gibt es Männchen und Weibchen. Bei Schnecken ist das anders: Jede Schnecke kann entweder Mama oder Papa sein.

Nach der Paarung kann jeder Elternteil um die zwanzig Eier legen.

Ganz besondere Eltern

Damit Babys entstehen, muss es zwei Elternteile geben: eine Mutter und einen Vater. In der Schneckenfamilie kann jeder Elternteil entweder Mama oder Papa sein. Schnecken heißen deshalb Zwitter. Erstaunlich, nicht wahr?

Die Schnecke wächst inmitten ihrer Geschwister heran. Jedes Schneckenbaby entwickelt sich in einem winzig kleinen, kugelrunden Ei.

Die kleine Schnecke verlässt ihren Unterschlupf nur bei Nacht: Ihr Schneckenhaus ist noch sehr empfindlich und könnte in der heißen Sonne kaputtgehen.

Im Beutel

Weißt du, was Beuteltiere sind? Diese sonderbaren Tiere wachsen nach der Geburt in einem Fellbeutel heran, der sich am Bauch ihrer Mutter befindet.

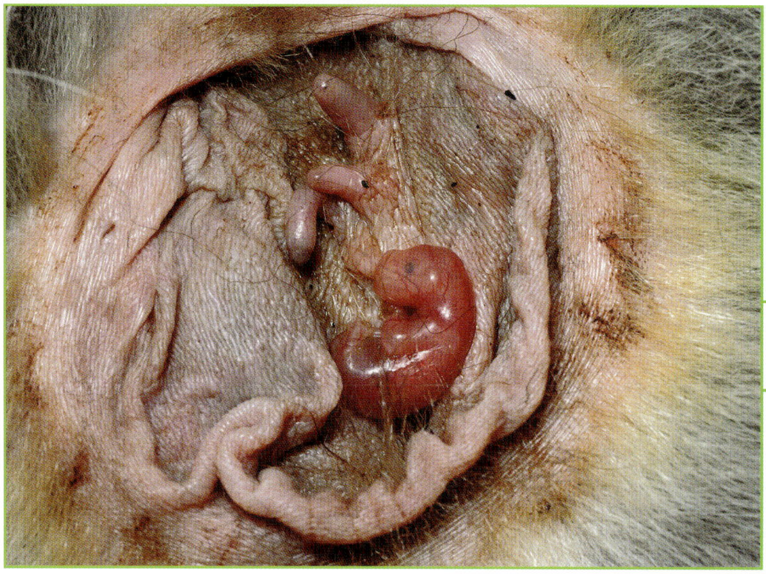

Das Bennett-Känguru

Dieses kleine Känguru wird vollkommen nackt und blind geboren. Es muss deshalb schnell in den schützenden Beutel der Mutter, wo es sich aufwärmen kann und sicher vor Gefahr ist.

Gleich nach der Geburt klammert sich das kleine Bennett-Känguru am Fell seiner Mutter fest und zieht sich daran bis in den Beutel.

Im Beutel seiner Mutter lässt der kleine Fuchskusu nie ihre Zitze los!

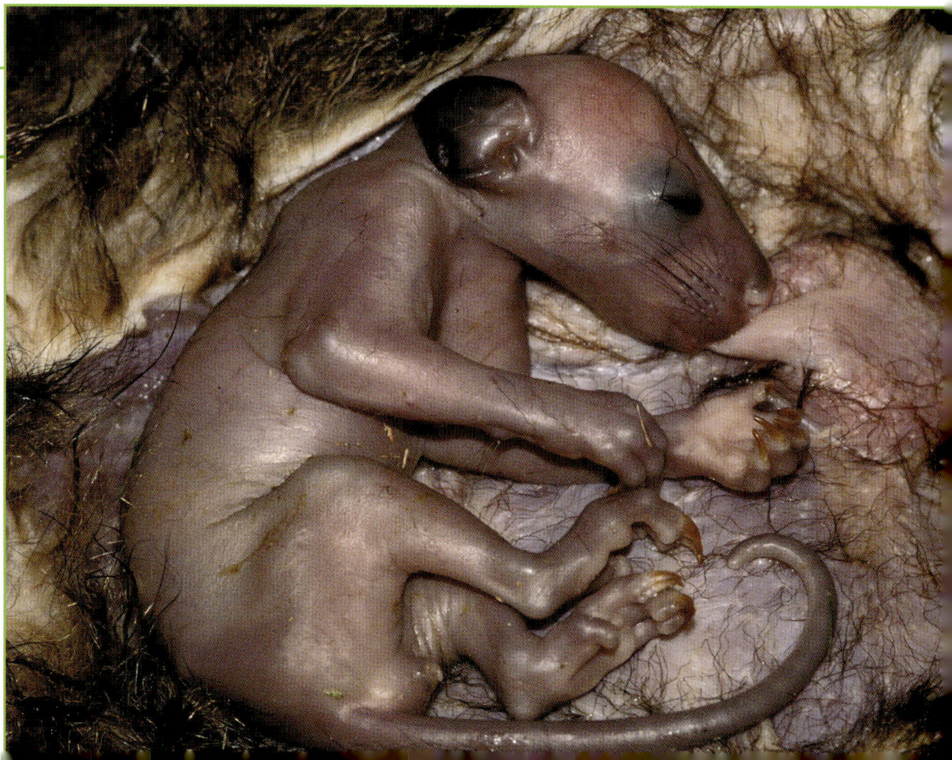

Der Fuchskusu

Der Fuchskusu ist ein Kletterbeutler und lebt wie fast alle Beuteltiere in Australien. Er wächst hoch oben in den Bäumen heran. Das Fuchskusu-Baby kann jedoch nicht herunterfallen, da es sich im Beutel seiner Mutter befindet.

Der Koala

Die ersten sechs Monate seines Lebens verbringt der Koala im Beutel seiner Mutter. Dort hat er alles, was er zum Heranwachsen braucht: Wärme und eine Zitze, an der er leckere Milch trinken kann.

Weil er einen großen, runden Kopf und einen kugeligen Bauch hat, wird der Koala auch Beutelbär genannt.

Das Kängurubaby streckt seinen Kopf aus dem Beutel, um die Gegend zu beobachten. Droht Gefahr? Dann zieht es sich schnell wieder zurück!

Das Rote Riesenkänguru

Bei seiner Geburt ist das Rote Riesenkänguru nicht viel größer als dein Daumen. Es sieht aus wie eine große, rosafarbene Bohne. Nachdem es den Bauch der Mutter verlassen hat, kriecht es schnell in den Beutel, um dort im Warmen weiterzuwachsen.

Drollige Babys

Tierkinder sehen meist ganz anders aus als ihre erwachsenen Artgenossen. Schau sie dir genau an! Oft sind sie ganz klein, sehr empfindlich und noch ziemlich unbeholfen.

Ganz nackt

Viele Tierbabys kommen nackt zur Welt.
Ihr Fell oder Gefieder beginnt erst später zu wachsen.

Das Kaninchen

Es wird nackt und blind geboren. In dem gemütlichen Nest, das seine Mutter gebaut hat, kuschelt sich das Kaninchenbaby an seine Geschwister, um es warm zu haben. Es wiegt weniger als eine Orange!

Kaninchen kommen meist gemeinsam mit vielen Geschwistern zur Welt.

Der Eisvogel

Ein ulkiger Vogel! Bei der Geburt haben kleine Eisvögel einen kugelrunden Bauch und keine einzige Feder auf dem Körper. Außerdem können sie nichts sehen, da ihre Augenlider noch geschlossen sind.

Ein kleiner Eisvogel frisst Fisch, den ihm seine Eltern bringen.

Der Maulwurf

Was sind denn das für kleine Tierchen mit völlig zerknitterter Haut? Kleine Maulwürfe, die nach der Geburt noch sehr empfindlich sind. Bald werden sie einen dichten Pelz haben und aussehen wie Plüschtiere.

Maulwürfe kommen in einem Nest zur Welt, das ihre Mutter unter der Erde gegraben und mit verwelkten Blättern ausgekleidet hat.

Sehr klein

Verglichen mit ihren Eltern sind manche Tierbabys bei ihrer Geburt wirklich winzig. Später einmal werden sie jedoch sehr groß.

Der Amerikanische Schwarzbär

Er wird im Winter in einer warmen Höhle geboren. Neben seiner Mutter wirkt der junge Schwarzbär tatsächlich sehr klein. Er wiegt zweihundertmal weniger als seine Eltern.

Schon bald wird dieses Bärenbaby viel größer und stärker sein als du.

Der Wanderfalke

Die Jungen des Wanderfalken sehen aus wie kleine Wattebäusche. Ihr Gefieder wächst ganz langsam. Bald werden sie fliegen können und dabei schneller sein als ein Rennwagen.

Ausgewachsene Wanderfalken gehören zu den schnellsten aller Vögel.

Der Tiger

Was für ein niedliches Kuscheltier! Bei der Geburt ist der Tiger ganz klein, blind und hat noch keine Zähne. Kaum vorstellbar, dass aus ihm später einmal die wildeste aller Raubkatzen wird.

Tiger und Löwen können gemeinsam Babys bekommen. Ist der Vater ein Tiger und die Mutter eine Löwin, heißt ihr Kind Tigon.

Sobald sie aus ihrem Ei geschlüpft ist, kriecht die kleine Schildkröte in Richtung Meer.

Die Lederschildkröte

Bei ihrer Geburt ist sie wirklich winzig. Diese kleine Schildkröte wird jedoch bald die größte aller Meeresschildkröten sein. Wenn sie ausgewachsen ist, wird sie hundert- bis zweihundertmal so viel wiegen wie du!

Vorsicht, zerbrechlich!

Neugeborene können sich oft noch nicht verteidigen.
Zum Glück werden sie von ihren Eltern beschützt!

Das Nashorn

Seine Mutter ist ein wahrer Koloss. Das kleine Nashorn ist nach seiner Geburt aber zunächst noch völlig wehrlos. Es wiegt kaum mehr als ein großer Hund und hat noch kein Horn, um sich zu verteidigen.

Die Nashornmutter ist jederzeit zum Angriff bereit, wenn ihr Junges bedroht wird.

Der Skorpion

Da sich in seinem Schwanz noch kein Gift befindet, schützt die Mutter das Skorpionbaby, indem sie es auf dem Rücken trägt. Gar nicht so einfach, sich dort festzuhalten …
Aber mit den Saugnäpfen, die er unten an seinen Füßen hat, kann der kleine Skorpion sicher sitzen bleiben.

Skorpione sind bei ihrer Geburt weiß. Erst nach einiger Zeit bilden sich die dunklere Färbung und das Gift.

Das Krokodilbaby ist in Sicherheit: Niemand wird ihm zwischen den spitzen Zähnen seiner Mutter zu nahe kommen!

Das Nilkrokodil

Sobald es aus dem Ei geschlüpft ist, beginnt das Krokodiljunge zu knurren, damit die Mutter es in ihr Maul nimmt. Es ist so klein, dass es leicht von einer Schlange oder einem Vogel gefressen werden könnte, wenn seine Mutter nicht da wäre, um es zu beschützen.

Die Krabbe

Sie ist sehr klein und ganz weich. Dieses hübsche Krustentier hat bei seiner Geburt noch keinen Panzer. Die kleine Krabbe wird sich etwa zehnmal häuten, bevor sie einen wirklich festen Panzer wie die erwachsenen Tiere hat.

Das Krabbenbaby ist so klein, dass es auf deiner Handfläche Platz findet.

Anders als die Eltern

Erkennst du sie? Viele Tierbabys sehen überhaupt nicht so aus wie ihre Eltern. Sie verändern ihr Aussehen, wenn sie größer werden.

Das Wildschweinbaby heißt Frischling. Man erkennt es an seinen Streifen.

Das Wildschwein

Junge Wildschweine sehen ganz anders aus als ihre Eltern. Wenn sie größer werden, verändert ihr Fell seine Farbe von einem hellen Rotbraun zu Dunkelbraun. Es ist dann zwar viel widerstandsfähiger, aber nicht mehr so hübsch.

Der Gepard

Bis zum Alter von drei Monaten trägt der kleine Gepard eine Mähne auf dem Rücken. Dieses Fellbüschel hilft ihm, sich im Gras zu verstecken, damit Löwen ihn nicht entdecken und angreifen.

Der kleine Gepard lebt weit entfernt von hier in der afrikanischen Savanne.

Der Waschbär

Das Waschbärjunge wird in einer Höhle geboren, die gut versteckt im Wald liegt. Zunächst ist es noch mit einem hellen Flaum bedeckt, die Maske ist aber schon erkennbar.

Der kleine Waschbär hat eine weniger dunkle Maske als seine Eltern.

Das Rehkitz

Das Rehjunge heißt Kitz. Sein Fell sieht aus, als hätte man es mit weißer Farbe gesprenkelt. Bis zum Alter von vier Monaten ist der Rücken des Rehkitzes komplett mit weißen Flecken bedeckt. So ist es im hohen Gras besser getarnt.

Die Mutter des Rehkitzes heißt Ricke, der Vater Bock.

Der Schwan

Die kleinen Schwäne haben graue Flaumfedern, die jedoch bald durch schöne weiße Federn ersetzt werden. Ihr dunkelgrauer Schnabel wird seine Farbe auch verändern und ein hübsches Orange annehmen.

Neben ihrer Mutter sehen die kleinen Schwäne aus wie Enten.

Erste Schritte

Los geht's! Manche Tiere laufen gleich nach der Geburt ihrer Mutter hinterher. Sie müssen besonders nah bei ihr bleiben, wenn Feinde in der Nähe umherstreichen …

Das Giraffenbaby ist noch nicht sehr selbstsicher, aber seine Mutter ermuntert es, ihr zu folgen.

Die Giraffe

Wenn sie aus dem Bauch ihrer Mutter kommt, fällt die kleine Giraffe aus etwa zwei Metern Höhe auf den Boden. Kurz danach steht sie schon auf. Sie muss schnell laufen, um den Löwen zu entkommen, die ihr in der Savanne auflauern.

Die Entenküken laufen dicht hintereinander, um sich nicht zu verlieren.

Die Ente

Quak! Quak! Sobald sie aus dem Ei geschlüpft sind, rufen die Küken nach ihrer Mutter. Ah, da ist sie! Die gesamte Truppe folgt ihr nun und watschelt Richtung Wasser …

Das kleine Lama wirkt noch recht zerbrechlich. Trotzdem kann es ab dem Tag seiner Geburt laufen.

Das Lama

Weniger als eine Stunde, nachdem es aus dem Bauch der Mutter gekommen ist, steht das Lamababy schon auf. Es ist noch ein bisschen wackelig auf den Beinen, schafft es aber, seiner Mutter zu folgen.

Das Rentier

Ab dem Tag seiner Geburt läuft das kleine Rentier. Schnell, zurück zur Herde! Inmitten der erwachsenen Tiere ist das Junge besser geschützt.

Wenn es der Herde nicht folgt, kann das Rentierbaby von Wölfen angegriffen werden.

Kaulquappen

Die Kaulquappe hat überhaupt keine Ähnlichkeit mit ihren Eltern. Ihr Körper verändert sich nach und nach: Sie verwandelt sich in einen Frosch!

Eier im Teich

Im Frühjahr legt die Froschmutter ihre Eier in einem Teich ab. Daraus schlüpfen winzige Kaulquappen mit einem runden Bauch und einem langen Schwanz. Sie haben noch keine Beine.

Die Kaulquappe frisst Algen. Sie wächst schnell: Im Alter von einem Monat hat sie bereits lange Hinterbeine.

Da – zwei Vorderbeine! Die Kaulquappe ist noch ein Stück gewachsen. Bald wird sie ihren Schwanz verlieren und endgültig wie ein Frosch aussehen.

Aus der Kaulquappe ist ein Frosch geworden: Er fühlt sich jetzt auf dem Land genauso wohl wie im Wasser.

Vom Ei zum Schmetterling

Du hast bestimmt schon Raupen gesehen. Weißt du, dass aus ihnen Schmetterlinge werden? Es ist eine schöne Geschichte ...

Der Schmetterling legt winzige Eier. Die Babys wachsen im Innern und schlüpfen nach ein bis zwei Wochen.

Großer Appetit

Sobald es aus dem Ei geschlüpft ist, wird das Schmetterlingsbaby zu einem wahren Nimmersatt! Es frisst so viele Blätter, dass es schnell zu einer großen Raupe heranwächst. Wenn sie groß genug ist, hört die Raupe auf zu fressen: Jetzt ist sie damit beschäftigt, ihren Kokon zu bauen.

Die Raupe hüllt sich in einen Kokon aus Seide und verbringt den Winter darin.

Auf dem Zweig bewegt sich etwas: Ein Schmetterling schlüpft aus seinem Kokon! Die Raupe hat sich während des Winters in einen wunderschönen Baumweißling verwandelt!

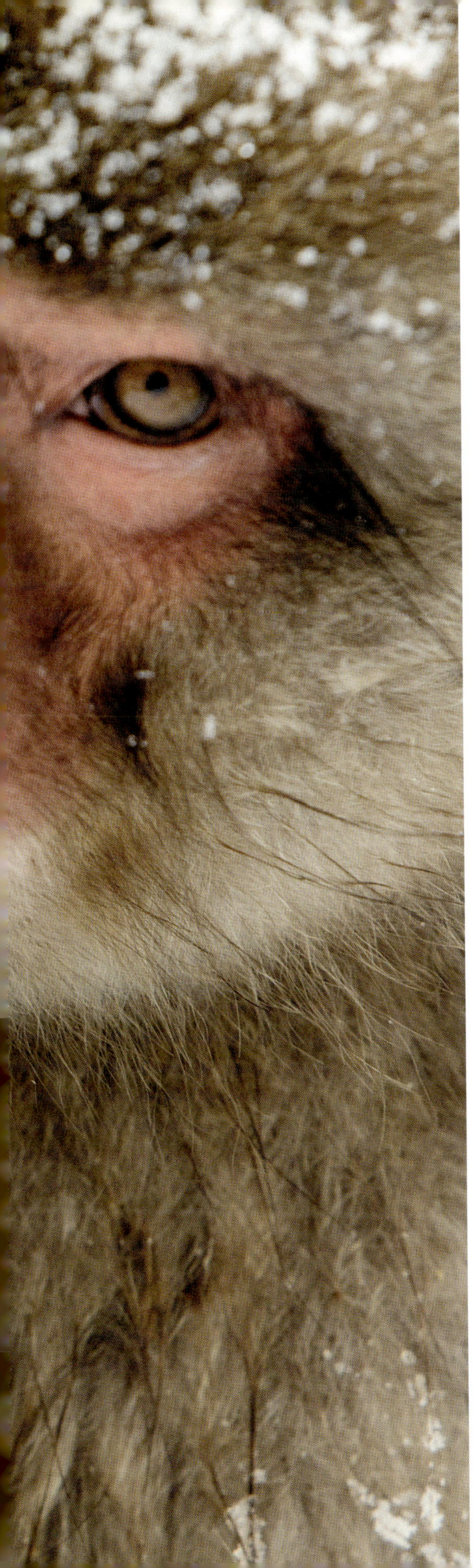

Familien-leben

Nicht bei allen Tieren sieht das Familienleben gleich aus. Manche Tierbabys werden von ihrer Mutter aufgezogen oder aber von der gesamten Familie. Andere sind vom ersten Tag an auf sich allein gestellt …

Liebevolle Mütter

Am wohlsten fühlen sich diese Tierbabys bei ihrer Mutter: Sie sitzen auf ihrem Rücken oder klammern sich an ihrem Fell fest – so kann ihnen nichts passieren.

Der Große Panda

In den Wäldern Chinas wird der Panda von seiner Mutter aufgezogen. Dieser kleine schwarz-weiße Bär bleibt bis zum Alter von eineinhalb Jahren dicht bei ihr und folgt ihr überall hin.

Der kleine Panda ist ein kräftiges Tierkind. Er liebt es, mit seiner Mama zu schmusen.

Nach der Geburt klettert das kleine Schuppentier auf Mamas Schwanz. Da bleibt es, bis es drei Monate alt ist.

Das Schuppentier

Welch ein eigenartig aussehendes Tier! Wenn es aus dem Bauch der Mutter herauskommt, hat das kleine Schuppentier noch ganz weiche Schuppen. Erst zwei Tage später werden sie allmählich härter.

Das Pferd

Vom ersten Augenblick an hängt das Fohlen sehr an seiner Mutter. Pferdezüchter achten deshalb darauf, die Stute und ihr Junges nicht zu früh zu trennen.

Das Fohlen und seine Mutter sind unzertrennlich.

Die Spinne

Nicht viele Tiere würden es wagen, den Nachwuchs einer Spinne anzugreifen! Die Mutter trägt ihre Jungen mit sich herum, bis sie groß genug sind, um allein zurechtzukommen.

Die Spinne trägt ihre Babys auf dem Rücken, um sie vor Feinden zu schützen.

Der Große Ameisenbär

Man erkennt ihn an seiner langen Nase … Der Ameisenbär lebt bis zum Alter von zwei Jahren mit seiner Mutter zusammen. Gemeinsam brechen die beiden bei der Nahrungssuche mit ihren großen Krallen mehr als dreihundert Ameisenhaufen am Tag auf.

Der kleine Ameisenbär krallt sich am Fell seiner Mutter fest.

Fürsorgliche Eltern

Gibbons, Leoparden, Seeschwalben ... sie alle werden von beiden Elternteilen gemeinsam großgezogen. Das Männchen und das Weibchen kümmern sich abwechselnd um die Jungen.

Der Gibbon

Was springt dort oben in den Bäumen herum? Es ist ein Gibbon! Man erkennt ihn an seinen langen Armen und an seinem schwarzen Gesicht. Dieser akrobatische Affe lebt in den Wäldern Asiens.

Der kleine Gibbon lebt bis zum Alter von drei Jahren bei seinen Eltern.

Der Leopard

Die Mutter füttert die Jungen, während der Vater auf die Jagd geht. Manchmal ist es jedoch auch umgekehrt! Wenn ihre Mutter nicht da ist, sind die kleinen Leoparden zwischen den Pranken ihres Vaters in Sicherheit.

Wie alle Raubkatzen leckt der Leopard sein Junges ab, um es zu beruhigen.

Die Seeschwalbe

Was für eine Hektik! Dieser Vogel muss viele Fische fangen, um seinen hungrigen Nachwuchs satt zu bekommen.

Wie bei vielen anderen Vögeln wechseln sich bei den Seeschwalben die Eltern mit dem Füttern der Jungen ab.

Im Schutz der Gruppe

Alles läuft gut, für die Kleinen ist bestens gesorgt: Andere erwachsene Tiere passen auf sie auf, während ihre Eltern auf die Jagd gehen.

Der kleine Pottwal ist nie allein im Meer unterwegs.

Der Pottwal

Obwohl er schon so schwer ist wie ein Elefant, kann sich der kleine Pottwal nicht gegen einen Weißen Hai verteidigen. Wenn seine Mutter auf die Jagd geht, beschützt ihn seine Familie.

„Wer kommt da?" Auf den Hinterbeinen sitzend oder stehend beobachten die Erdmännchen ihre Umgebung.

Das Erdmännchen

Was für ein lustiger Geselle! Das Erdmännchen ist ein kleines Säugetier, das im südlichen Afrika in Gruppen lebt. Innerhalb einer solchen Gruppe kümmern sich alle erwachsenen Tiere gemeinsam um die Jungen.

Die kleinen Fledermäuse verbringen den Tag dicht an dicht nebeneinander hängend.

Die Fledermaus

Sie sieht wirklich merkwürdig aus, ist für den Menschen aber nicht gefährlich. Die Fledermaus ist ein kleines Säugetier, das fliegen kann. Sie ist nachts wach und schläft tagsüber mit dem Kopf nach unten.

Der Flamingo

Dieser schöne Vogel steht oft mit den Füßen im Wasser. Im See frisst er kleine Krebse, durch die sein Gefieder den zarten Rosa-Farbton bekommt.

Solange er nicht fliegen kann, ist der kleine Flamingo darauf angewiesen, dass die älteren Tiere ihn beschützen.

Allein groß werden

Viele Insekten, Reptilien oder Amphibien brauchen ihre Eltern nicht zum Heranwachsen. Sie werden ganz ohne Hilfe groß. Wusstest du das?

Der Grashüpfer

Er wird im Frühjahr als winzige Larve geboren. Dann wächst er ganz allein im Feld heran und verwandelt sich in ein schönes hellgrünes Insekt.

Der Grashüpfer entkommt seinen Feinden, indem er sich im Gras versteckt.

Die Griechische Landschildkröte

Wie viele Reptilien entwickelt sie sich in einem Ei, das ihre Mutter gut versteckt im Sand abgelegt hat. Sie schlüpft am Ende des Sommers und jagt von da an Insekten und Schnecken.

Nachdem sie die Schale geknackt hat, muss die kleine Schildkröte selbst auf Nahrungssuche gehen.

Kaum aus dem Ei geschlüpft, hat die kleine Schnecke schon Hunger und beginnt, Blätter zu fressen.

Die Schnecke

Sie hat etwa hundert Geschwister. Doch nach der Geburt ist jedes Schneckenkind auf sich allein gestellt. Alle kriechen in unterschiedliche Richtungen, um nach Nahrung zu suchen.

Der Katzenhai

Der Katzenhai verbringt den ganzen Tag in einem Versteck am Meeresgrund. Nur in der Nacht verlässt er es, um kleine Fische und Krustentiere zu fangen.

Im Meer lernt dieser kleine Hai von Beginn an, für sich selbst zu sorgen.

Adoptiert

Nachdem er aus dem Ei geschlüpft ist, erblickt der Kuckuck seine Mama. Sie ist viel kleiner als er! In der Regel ist es eine Adoptivmutter.

Ein Eindringling im Nest

Die Mutter des Kuckucks legt ihr Ei in das Nest eines Rotkehlchens oder einer Grasmücke. Sie lässt es dort zurück und frisst dafür ein anderes Ei auf, damit die gleiche Anzahl Eier im Nest liegt wie vorher.

Der kleine Kuckuck hat ständig Hunger. Er wartet auf die Rückkehr seiner Adoptiveltern, die sich gerade auf Nahrungssuche für ihn befinden.

Sehr bald hat der Kuckuck nur noch eines im Sinn: die anderen Eier im Nest loszuwerden. Er unternimmt unglaubliche Anstrengungen, um sie aus dem Nest zu werfen!

Sieh nur! Wenn er wächst, wird der kleine Kuckuck viel größer als seine Adoptiveltern.

Guten Appetit!

Blütenblätter, Raupen, Ameisen, roher Fisch, Gras ...
Bei hungrigen Tierkindern stehen ganz andere Dinge auf dem Speiseplan als bei dir!

Leckere, warme Milch

Die Babys von Säugetieren trinken die ersten Tage oder Wochen, manchmal auch die ersten Jahre, Milch bei ihrer Mutter. Erst danach beginnen sie, Pflanzen oder Fleisch zu fressen.

Das Schwein

Kleine Schweine haben oft mehr als zehn Geschwister. Man nennt sie Ferkel. Zum Glück hat ihre Mutter für jedes von ihnen eine Zitze!

Schnell! Die Ferkel drängeln sich, um die Zitze zu erreichen, aus der am meisten Milch kommt.

Das Kamel

Das kleine Kamel wird ein Jahr lang von seiner Mutter gesäugt. Danach beginnt es, Gräser und andere Pflanzen zu fressen, die es im Wüstensand findet. Es ist ein Pflanzenfresser.

Nach der Geburt steht das Kameljunge gleich auf: Es trinkt die Milch seiner Mutter im Stehen.

Wenn der kleine Bonobo die Zitze seiner Mutter nicht sofort findet, hilft sie ihm.

Der Bonobo

Der Cousin des Schimpansen lebt im afrikanischen Wald. Wie alle Säugetiere trinkt er bei seiner Mutter Milch, wenn er Hunger hat. Sie säugt ihn aber auch, um ihn zu beruhigen.

Gras und Blätter

Pflanzenfresser mögen Gras oder Blätter und sind stundenlang am Fressen. Sie haben alle großen Appetit!

Der Bison

In der Prärie braucht der Bison nur den Kopf zu senken und schon findet er genug zu fressen … Überall ist Gras! Je größer er wird, umso mehr frisst er: Ein erwachsener Bison frisst am Tag Gras in der Menge deines Körpergewichts!

Der kleine Bison frisst im Sommer Gras und im Winter Moos.

Der Koala

Er sitzt auf einem Baum und verbringt dort Stunden damit, Eukalyptusblätter zu kauen. Doch Eukalyptusbäume haben manchmal auch giftige Blätter. Der kleine Koala muss gut aufpassen, dass er diese nicht frisst!

Der kleine Koala lernt von seiner Mutter, die essbaren Eukalyptusblätter auszuwählen.

Der Langur

Dieser Affe lebt in den tropischen Wäldern Asiens. Er sitzt den ganzen Tag auf Ästen in den Bäumen und frisst Blätter. Manchmal lässt er dabei seinen langen Schwanz nach unten in der Luft hängen.

Während sie fressen, halten sich die kleinen Languren mit ihren Füßen oder ihrem Schwanz an den Ästen fest.

Die kleine Wildgans rupft mit ihrem kurzen, breiten Schnabel Gras aus dem Boden.

Die Kanadische Wildgans

Diese kleine Gans liebt Mais und Sojabohnen und pickt sie den ganzen Tag lang in den Feldern auf. Sie frisst aber auch gern Gras, Kräuter und Wurzeln.

Köstliche Früchte

Knack, knack! Nüsse, Äpfel, Rosinen ... Die Früchte knacken zwischen den Zähnen des Eichhörnchens, des Nasenaffen oder des Stachelschweins!

Der Nasenaffe

Was für ein lustiger Affe, mit seiner großen Nase! Der Nasenaffe frisst nur Früchte und Blätter, die er im Wald findet. Obwohl er groß und schwer ist, fühlt er sich oben auf den Bäumen wohl.

An der Seite seiner Mutter probiert der kleine Nasenaffe verschiedene Früchte.

Das Eichhörnchen

Es liebt Samen und Nüsse! Das Eichhörnchen ist zwar sehr klein, frisst aber trotzdem den ganzen Tag, um seine Zähne abzunutzen, die ständig nachwachsen.

Wenn du im Wald spazieren gehst, kannst du vielleicht ein Eichhörnchen beobachten, das gerade eine Nuss knackt!

Das Stachelschwein benutzt seine scharfen Zähne, um die Früchte zu zerbeißen.

Das Stachelschwein

Dieses merkwürdig aussehende, ganz mit Stacheln bedeckte Tier ist ein Stachelschwein. Es ist ein großer Nager, der fast alles frisst, was er an den Bäumen findet: Blätter, Rinde und Früchte.

Der Seidenschwanz frisst kleine Früchte, die er mit seiner Schnabelspitze pflücken kann.

Der Seidenschwanz

Dieser schöne Vogel kommt in den Wäldern Nordeuropas zur Welt. Seine Eltern füttern ihn zunächst mit Früchten. Sobald er groß genug ist und gut fliegen kann, begibt er sich auf eine lange Reise bis nach Südeuropa.

Fleisch oder Fisch?

Manche Tierkinder werden von ihren Eltern mit Fleisch oder Fisch gefüttert. Schnell – sie haben Hunger!

Der Pelikan

Er steht in seinem Nest und wartet auf seine Eltern. Endlich kommen sie vom Fischfang zurück! Der kleine Pelikan hat großen Hunger: Er frisst am Tag mehrere Kilogramm Fisch.

Der Pelikan taucht seinen Schnabel in den Schlund seiner Eltern. Dort frisst er den bereits vorgekauten Fischbrei.

Der Haubentaucher

Das Haubentaucherjunge hat schwarze Streifen auf dem Kopf. Seine Eltern versorgen es mit Nahrung: Sie bringen ihm kleine Fische, die sie beim Tauchen im Fluss gefangen haben.

Obwohl er noch so klein ist, kann der junge Haubentaucher Fische fressen, die so groß sind wie er!

Der kleine Wolf frisst weiches Fleisch, das von den erwachsenen Tieren seines Rudels bereits vorgekaut wurde.

Der Wolf

Er tötet Tiere, um sie zu fressen, teilt seine Beute aber immer mit den kleinen Wölfen im Rudel. Nach der Rückkehr von der Jagd spuckt jeder erwachsene Wolf kleine Fleischstücke wieder aus und füttert damit die hungrigen Jungen.

Insektenfänger

Sie sehen nicht so aus, sind aber gefährliche Jäger: Manche Tierkinder lernen schnell, selbst Insekten zu fangen, um sie zu fressen.

Der Marienkäfer

Die Larve des Marienkäfers ist kleiner als dein Fingernagel. Sie ist aber größer als die erwachsenen Tiere und hat einen Riesenhunger. Sie kann mehrere hundert Blattläuse am Tag fressen!

Die Marienkäfer-Larve jagt auf Blumenstängeln nach Blattläusen.

Der Löffelhund

Dieser fuchsartige Wildhund mit den großen Ohren lebt in der afrikanischen Savanne. Er frisst Heuschrecken, Termiten und Skorpione, aber auch Käfer, die er im Kot von Pflanzenfressern findet.

Pst! Mit der Nase dicht am Boden jagt der kleine Löffelhund Insekten …

Das Chamäleon fängt seine Beute mit seiner langen, klebrigen Zunge.

Das Chamäleon

Es muss sich von Geburt an selbst mit Nahrung versorgen. Zum Glück weiß es sofort, wie es seine Zunge blitzschnell und zielsicher aus dem Maul herausschnellen lassen kann, um Insekten zu fangen. Kaum eine Fliege entkommt ihm!

Die Meise

Die Jungen im Nest haben Hunger: Sie piepsen laut, weil sie fressen wollen. Die Eltern bringen ihnen Raupen, die von den kleinen Meisen gierig verschlungen werden. Die Jungen lernen jedoch schnell, sich selbst Insekten zu fangen.

Kleine Meisen schlucken die Raupen unzerkaut hinunter.

Auf Vorrat

Erkennst du ihn unter seiner schwarzen Maske? Der Raubwürger füttert seine Jungen mit Tieren, die er tötet und danach als Vorrat an den Dornen eines Strauchs aufspießt.

Viel Arbeit!

Im Frühjahr jagt der Raubwürger den ganzen Tag lang, um seinen hungrigen Nachwuchs füttern zu können: Die Jungen warten im Nest auf seine Rückkehr. Zum Glück wechseln sich die Eltern mit dem Füttern ab!

Der Raubwürger kann Tiere von der Größe einer Spitzmaus oder eines Frosches töten. Danach spießt er sie an den Dornen eines Strauchs auf, bis er sie frisst.

Der Raubwürger befestigt seine Beute immer am gleichen Zweig. Meist sucht er sich einen Strauch ganz in der Nähe des Nestes.

Im Nest reißen die kleinen Vögel ihre Schnäbel weit auf: Ihre Eltern füttern sie mit Insekten und kleinen Fleischstückchen.

Feine Blüten

Kennst du den Honigbeutler, den Gecko und den Kolibri?
Diese Tiere ernähren sich von Blütennektar.

Der Taggecko

Von Geburt an kann dieser kleine Gecko mit seinen klebrigen Füßen fast überall emporklettern. Er steigt mühelos an den Stängeln von Blumen nach oben, um an den Nektar in ihren Blüten zu gelangen.

Der Taggecko lebt hauptsächlich auf Inseln im Indischen Ozean.

Der Honigbeutler

Er ist nicht viel größer als deine Hand und lebt in Australien in kleinen Büschen. Am frühen Morgen verlässt er seinen Unterschlupf, um mit seiner langen Zunge Blütennektar zu sammeln.

Der Honigbeutler ist so leicht, dass er an den Blütenstängeln emporklettern kann, ohne dass sie abknicken.

Der Langur

Mit seinem Magen kann der Langur Blätter und Blüten verdauen, die er in großer Zahl frisst. Sogar das Gift mancher Pflanzen wird in seinem Magen unschädlich gemacht!

Der Langur lebt in den Bäumen der Wälder Asiens.

Der Kolibri

Dieser winzige Vogel schlägt so schnell mit den Flügeln, dass er in der Luft auf der Stelle stehen kann! Er saugt mit seinem langen Schnabel Nektar aus den Blüten und muss sich dazu gar nicht auf die Pflanze setzen.

Sobald er fliegen kann, trinkt der kleine Kolibri wie seine Eltern Nektar.

Die Hummel

Bssssss ... Mit ihrem kugelrunden, schwarzgelb gestreiften Körper fliegt die Hummel im Garten von Blüte zu Blüte. Mit ihrer Zunge saugt sie den Nektar auf und sammelt an ihren Hinterbeinen den Pollen, um damit ihre Larven zu füttern.

Die Hummel ist gegenüber Menschen nicht aggressiv. Sie sticht aber, wenn sie sich bedroht fühlt.

Bärenhunger

Wie das Schwein, der Dachs oder die Ratte frisst der kleine Bär alles: Ameisen, Pflanzen, Fisch ... Er ist ein Allesfresser.

Viel zu lernen

Sobald er seine Geburtshöhle verlässt, folgt der kleine Bär seiner Mutter überall hin. Sie bringt ihm bei, wie man Ameisen findet, Früchte pflückt oder Fische fängt. Wenn er größer ist, kennt er sich aus und findet immer genug Futter!

Gar nicht so einfach, einen Fisch zu erwischen! Das Bärenjunge ist noch nicht so geschickt wie seine Mutter, doch manchmal gelingt es ihm schon, einen Lachs zu fangen.

Der Bär hofft, einen Ameisenhaufen zu finden, indem er in der Erde scharrt. Er frisst für sein Leben gern Ameisen, die er mit seinen langen Pranken sucht.

In den Pflanzen sind nur wenige Vitamine enthalten: Der kleine Bär muss deshalb viele von ihnen fressen, damit er groß und stark wird.

Rundum gesund

Um groß und stark zu werden, müssen die Tierkinder gesund bleiben. Deshalb ist es wichtig, dass sie genug schlafen, sich regelmäßig putzen und sich vor Kälte und Hitze schützen.

Blitzsauber!

Schmutzig herumlaufen kommt auch in der freien Natur nicht infrage! Wusstest du, dass viele Tiereltern ihre Jungen putzen, damit sie nicht krank werden?

Das Pavian-Weibchen benutzt seine Fingernägel, um die kleinen Tierchen aus dem Fell ihres Kindes zu entfernen.

Der Pavian

In der Savanne ist Ruhe eingekehrt. Die kleinen Paviane haben aufgehört, sich zu balgen. Am Boden lausen die Eltern ihre Jungen: Sie stellen sicher, dass im Fell ihrer Kinder keine Läuse sitzen.

Bei den Ohrwürmern kümmert sich das Weibchen ganz allein um die Eier und Larven.

Der Ohrwurm

Im sicheren Bau putzt die Ohrwurm-Mutter die Eier regelmäßig mit ihrem Mund und verrückt sie, damit sie keinen Schimmel ansetzen.

Die Flusspferd-Mutter ermuntert ihr Baby, gemeinsam mit ihr sein erstes Bad zu nehmen.

Das Flusspferd

Dieses große Baby hat sehr empfindliche Haut. Sein Körper stellt eine rötliche Flüssigkeit her, die gegen die Sonnenstrahlen schützt. Doch es geht nichts über ein Bad im Fluss, um sich zu waschen und abzukühlen!

Das Zebra

Sein gestreiftes Fell macht es für Feinde unsichtbar, wenn es sich innerhalb der Herde befindet. Um sich zu säubern, leckt sich das kleine Zebra den Rücken und die Beine. Danach kämmt es mit den Zähnen sein Fell.

Das Zebrajunge benötigt beim Putzen an Körperstellen, die es selbst nicht erreichen kann, die Hilfe seiner Mutter.

Aufwachsen in der Kälte

Tiere leben überall auf der Welt, sogar an den kältesten Orten unseres Planeten! Sie wachsen dort in Schnee und Eis auf.

Die Robbe

Bei ihrer Geburt haben Robbenbabys ein dichtes, weißes Fell, das sie vor der Kälte schützt. Sie wachsen sehr schnell, da sie von ihrer Mutter mit viel fetthaltiger, warmer Milch gesäugt werden.

Wenn es älter wird, verliert das Robbenbaby sein flauschiges, weißes Fell. Bald wird seine Haut so aussehen wie die seiner Mutter und eine dicke Fettschicht haben.

Der Kaiserpinguin

Er lebt am Südpol, in einer frostigen Region, in der es kälter ist als in einem Gefrierschrank. Doch das Pinguinjunge ist gut geschützt: Seine grauen Daunen halten es so warm wie eine große Decke!

Wenn ihm kalt wird, kuschelt sich der kleine Pinguin unter den dicken Bauch seiner Eltern.

Sobald sie die Höhle verlassen können, brechen die Eisbärjungen mit ihrer Mutter in Richtung des zugefrorenen Meeres auf.

Der Eisbär

Am Nordpol wird es im Winter sehr kalt. Den kleinen Eisbären macht das aber nichts aus: Sie werden in einer geschützten Höhle geboren, die ihre Mutter im Schnee gebaut hat.

Der Lemming

Dieser Nager hat lange Krallen, die er wie eine Hacke dazu benutzt, einen unterirdischen Tunnel in die Eisschicht zu graben. Wenn es zu kalt wird, zieht er sich in seinen Unterschlupf zurück und schläft dort im Warmen!

Im Winter wird das Fell des Lemmings dichter, damit er besser gegen die Kälte geschützt ist.

Schlafen wie ein Murmeltier

Die Murmeltiere im Gebirge haben ein spezielles Mittel gegen die Kälte: Sie verbringen den ganzen Winter in ihrem Bau und halten Winterschlaf.

Langes Nickerchen

Im Winter leben die Murmeltiere wie in Zeitlupe. Die ganze Familie schläft gemeinsam in ihrem Bau. Die Tiere sind ganz kalt und ihr Herz schlägt so langsam, dass es scheint, als würden sie nicht mehr atmen ... Sie stehen nur auf, um ihr Geschäft zu verrichten, danach legen sie sich wieder hin und schlafen bis zum Frühjahr.

Im Herbst sammelt das Murmeltier Gras, um sich damit in seinem Bau ein gemütliches Nest herzurichten.

Der Winter ist vorbei – die Murmeltiere sind wieder da! Sie haben mehrere Monate lang geschlafen und erwachen jetzt aus dem Winterschlaf. Höchste Zeit, von den frischen Kräutern auf den Berghängen zu kosten!

Im Sommer spielen die Murmeltiere oft außerhalb des Baus im Freien. Sie entfernen sich jedoch nie von ihren Eltern, mit denen sie für ihr Leben gern schmusen!

Leben in der Wüste

In der Sandwüste ist es sehr heiß und es regnet fast nie. Trotzdem wachsen einige Tiere unter diesen schwierigen Bedingungen sehr gut heran.

Der Fennek

Die Eltern bringen den Jungen bei, sich gegen die Hitze zu schützen: Sie graben einen unterirdischen Bau in den Sand. Darin verbringen die kleinen Fenneks mit ihrer Familie den Tag. In der Nacht verlassen sie den Bau und jagen Vögel, Schlangen und Skorpione.

Der Fennek lebt in der Sahara. Er wird auch Wüstenfuchs genannt.

Das Spießflughuhn

Dieser Vogel lebt in Wüstenregionen. Die Farbe seines Gefieders ist der des Sandes angepasst. So ist er hervorragend getarnt und Feinde können ihn nicht entdecken.

Damit seine Küken genug zu trinken haben, durchnässt das Spießflughuhn sein Gefieder in einem Tümpel. Jetzt können die Kleinen das Wasser aus den Federn saugen.

Wenn es sehr heiß ist, speichert die Oryxantilope das Wasser, das sie in ihrem Körper hat: Sie schwitzt nicht!

Die Oryxantilope

Sie lebt in der Wüste Namib: Dort sind unendliche Weiten von Sand und es regnet nie. Um hier zu überleben, kann die Oryxantilope mehrere Wochen ohne einen einzigen Tropfen Wasser auskommen.

Ab in die Heia!

Um groß zu werden, muss man viel schlafen!
Tierkinder schlafen deshalb viel länger als ihre Eltern.

Der Gartenschläfer

Im Herbst zieht sich dieses kleine Säugetier in seinen Bau zurück, um dort zu überwintern. Sobald es zu kalt wird, hört es auf zu fressen und legt sich schlafen. Erst acht Monate später wird es wieder erwachen.

Der Gartenschläfer schläft zusammengerollt in einem Vogelnest oder auf einem Heuboden.

Das Frettchen

Es schläft mindestens achtzehn Stunden am Tag, und zwar sehr tief. Manchmal seufzt es leise im Schlaf, bewegt seinen Schwanz oder schüttelt seine Pfoten ... es träumt!

Diese kleinen Frettchen stammen aus demselben Wurf. Sie schlafen eng aneinandergekuschelt.

Der Berberaffe

Dieser Affe hat kräftige Muskeln und große Zähne. Sein Junges ist aber sehr empfindlich. Damit es nicht von einem Hund oder einem Fuchs angegriffen wird, schläft es immer nahe bei der Gruppe.

Auf dem Rücken seiner Mutter befindet sich das kleine Äffchen in Sicherheit.

Der Pfeifhase

Er lebt in Asien im Gebirge, wo es sehr kalt ist. Dort versteckt er sich zum Schlafen zwischen großen Steinen. Wenn Gefahr droht, steht er auf und stößt einen spitzen Pfeifton aus, um seine Familie zu warnen.

Der Pfeifhase ist so gelenkig, dass er in allen möglichen Positionen schlafen kann.

Der kleine Habichtskauz schläft im Sitzen auf dem Ast eines Baumes.

Der Habichtskauz

Tagsüber schläft er und nachts ist er wach: Er ist ein nachtaktiver Raubvogel. Sobald es im Wald dunkel wird, verlässt der kleine Kauz sein Nest. Er hat Hunger!

Achtung, Gefahr!

In der freien Natur lauern überall Gefahren. Wenn sie nicht von ihren Eltern beschützt werden, müssen die Tierkinder andere Wege finden, um zu überleben …

Viele Feinde

Tierkinder sind schutzbedürftig und können sich noch nicht selbst verteidigen. Andere Tiere lauern ihnen auf, um sie zu fangen und zu fressen: Es sind Raubtiere.

Wenn der Gepard eine Gazelle erlegt hat, trägt er sie im Maul an einen schattigen Platz, um sie dort zu fressen.

Die Thomson-Gazelle

Gegen den Geparden hat die kleine Thomson-Gazelle kaum eine Chance. Sie versucht zwar, im Zickzacklauf zu fliehen, doch sie rennt nicht schnell genug, um der flinksten aller Raubkatzen zu entkommen.

Die Wasserwanze sticht mit ihrem spitzen Rüssel in die Beute hinein und saugt sie dann aus.

Die Kaulquappe

Im Tümpel entwickeln sich nicht alle Kaulquappen zu Fröschen. Die schwächsten unter ihnen werden von Wasserwanzen gefressen, die sich zwischen den Pflanzen verstecken.

Normalerweise muss sich die Kröte vor Schlangen in Acht nehmen. Hier hat sie aber selbst eine junge Schlange gefangen!

Die Bändernatter

Bei der Geburt ist sie ganz dünn und so leicht wie eine Feder. Die kleine Bändernatter sieht sehr hübsch aus mit ihren hellen Streifen. Wenn man sie stört, sondert sie ein übel riechendes Sekret ab, sie ist aber für den Menschen nicht gefährlich.

Die Robbe

Die kleine Robbe schwimmt langsamer als die erwachsenen Tiere: Das ist auch dem großen Weißen Hai bekannt. Wenn sie im Meer umhertaucht, muss die Robbe immer vor dem Räuber auf der Hut sein, der sie vom Meeresgrund aus beobachtet ...

Der Weiße Hai schleudert die Robbe in die Luft, um sie zu töten. Danach verschlingt er sie mit einem Biss.

Leibwächter

Wenn es um die Sicherheit ihrer kleinen Lieblinge geht, werden die erwachsenen Tiere manchmal zu regelrechten Leibwächtern. Es kommt dann nicht infrage, die Jungen auch nur eine Sekunde aus den Augen zu lassen!

Nähert sich ein Wolf, bilden die Moschusochsen einen Schutzschild um ihre Jungen herum.

Der Moschusochse

Dieser imposante Ochse, der in der Arktis lebt, erinnert ein bisschen an ein Mammut: Er ist sehr kräftig und besitzt ein gefährliches Paar Hörner mit Spitzen, die so scharf sind wie Messer. Sein einziger natürlicher Feind ist der Wolf.

Die kleinen Opossums halten sich auf dem Rücken ihrer Mutter an deren Fell fest: Dort sind sie am besten vor Angreifern geschützt!

Das Virginia-Opossum

Im Wald schleicht ein Fuchs um die Opossum-Babys herum ... Mit ihren kleinen Milchzähnen können sie sich noch nicht verteidigen. Doch ihre Mutter hat die Gefahr gewittert: Sie vertreibt den Räuber durch lautes Knurren.

Wenn sie einen Feind erblicken, verteidigen die Felsenpinguine ihre Jungen durch heftige Drohgebärden, so als wollten sie sagen: „Komm bloß nicht näher!"

Der Felsenpinguin

Den Felsenpinguin erkennst du an den langen, gelben Federn an seinem Kopf. Er kann sehr aggressiv werden, wenn Ratten, Möwen oder Katzen seine Küken bedrohen.

Die Graue Gartenwanze

Sie hat nur eine Möglichkeit, ihre zahlreichen Babys zu beschützen: Die Gartenwanze versammelt sie auf einem Blatt und wacht dort über sie, bis die Jungen groß genug sind, um allein zurechtzukommen.

Droht ihrem Nachwuchs Gefahr, schlägt die Wanze zornig mit den Flügeln, um den Feind abzuwehren.

In Sicherheit

Viele Tiere verstecken ihre Babys, entweder in einem Bau unter der Erde oder auch hinter einem Felsen. Dort wird kein Räuber nach ihnen suchen ...

Der Präriehund

Obwohl er nicht auf Bäumen lebt, gehört der Präriehund zur gleichen Familie wie das Eichhörnchen. Er hat einen kurzen Schwanz und eine kleine, spitze Schnauze. Den Großteil seines Lebens verbringt er unter der Erde, in Tunneln, die mehrere Ausgänge haben.

Ein Adler nähert sich ... Schnell verkriechen sich die Präriehunde in ihrem unterirdischen Bau.

Die Spitzmaus

Oft baut sie ihr Nest in der Nähe von Häusern. Du siehst sie bloß nie, weil sie ganz klein und außerdem sehr vorsichtig ist. Die Spitzmaus muss ständig auf der Hut vor Katzen und Vögeln sein, die sie beobachten.

Diese Spitzmaus-Familie ist auf dem Weg in ihren Unterschlupf. Sieh nur: Die Mäuse gehen im Gänsemarsch!

Die Löwin hält ihr Junges mit den Zähnen am Nackenfell fest und trägt es dann an einen sicheren Ort.

Der Löwe

Bei der Geburt ist das Löwenbaby nicht kräftiger als eine große Katze. Es sieht noch nichts und kann sich noch nicht auf den Beinen halten. Um zu überleben, ist es deshalb darauf angewiesen, dass die erwachsenen Tiere es beschützen.

Gut versteckt!

Damit sie nicht gefressen werden, passen manche Tierbabys ihr Äußeres der Umgebung an. Sie sehen aus wie Blätter oder Steine. Entdeckst du sie?

Die Stabschrecke

Man hält sie für einen Zweig! Dieses feingliedrige Insekt ist ganz leicht und sieht genauso aus wie die Pflanze, auf der es lebt. Es ist fast unmöglich, die Stabschrecke zu erkennen ... Eine solche Tarnung wird Mimese genannt.

Die Stabschrecke kann den ganzen Tag lang auf einem Zweig sitzen bleiben, ohne sich zu bewegen.

Das Hasenbaby ist nicht größer als ein kleines Kätzchen.

Der Hase

Die kleinen Hasen schlafen versteckt zwischen Laub auf dem Boden. Wenn ihnen jedoch ein Fuchs zu nahe kommt, springen sie schnell davon.

Der Anglerfisch

Dieser seltsame Fisch kann innerhalb weniger Stunden seine Form und seine Farbe wechseln. Er verändert sein Aussehen jedes Mal, wenn er sich auf einen Schwamm oder eine Koralle setzt. Bevor ein Feind ihn fangen kann, muss er ihn erst einmal finden!

Der Anglerfisch ist wie ein Chamäleon: Er kann gelb, rot oder blau werden.

Die Mantelmöwe

Sie legt ihre Eier an der Küste ab. Nach dem Schlüpfen verstecken sich die Küken zwischen den Felsen: Mit ihrem grauen Flaum sind sie für Katzen unsichtbar, die sie gerne fressen würden!

Diese flauschige Kugel von der Größe deiner Faust ist eine junge Mantelmöwe.

Der Grüne Leguan

Wenn er aus dem Ei schlüpft, ist der Leguan leuchtend grün! Da seine Haut die gleiche Farbe hat wie die Blätter des Baumes, kann er sich dort ausruhen und ist sicher vor Raubvögeln und Schlangen.

Wenn er sich nicht bewegt, ist der Leguan inmitten der Blätter so gut wie unsichtbar.

Trickreich

Es gibt auch Tiere, die lernen müssen, sich allein zu verteidigen.
Wenn sie nicht kräftig genug sind, tricksen sie einfach ein bisschen ...

Das Gürteltier

Seine mit Schuppen bedeckte Haut umhüllt es wie ein fester Panzer. Damit sieht das Gürteltier aus wie ein kleiner Dinosaurier. Aber keine Angst, dieses eigenartige Tier ist überhaupt nicht gefährlich: Es frisst nur Insekten.

Wenn es Angst hat, rollt sich das Gürteltier zu einer Kugel zusammen!

Der Salamander

Er lebt in der Nähe von Flüssen und ist nur bei Nacht aktiv. Wird er angegriffen, zeigen seine grellen Farben dem Feind, dass seine Haut giftig ist.

Bei Gefahr stellt sich der Salamander tot und zeigt seine leuchtenden Farben.

Vorsicht – die Stacheln des Igelfischs sind giftig!

Der Igelfisch

Wenn um ihn herum alles ruhig ist, liegen die Stacheln des Igelfischs eng an seinem Körper an. Wenn er sich jedoch bedroht fühlt, saugt dieser Fisch Wasser ein und pumpt sich auf: Er verwandelt sich in eine große, stachelige Kugel, die ein Angreifer unmöglich herunterschlucken kann!

Der Wüstenuhu

Wenn sie das Nest verlassen, sind die kleinen Uhus zwar groß genug zum Fliegen, aber trotzdem noch sehr empfindlich. Schlangen und Wüstenfüchse können die Jungen leicht angreifen, während sie sich ausruhen.

Dieser junge Wüstenuhu plustert sein Gefieder auf, um Feinde abzuschrecken.

Die Taktik des Igels

Der Igel hat mindestens 6000 Stacheln auf dem Rücken!
Sie dienen ihm zum Schutz, wenn er sich bedroht fühlt.

Aua, das pikst!

Bei der Geburt sind seine Stacheln noch unter der Haut verborgen, sie entfalten sich jedoch schnell. Hunderte weiße Spitzen stehen dann auf seinem Rücken: Der kleine Igel sieht aus wie eine große Kastanie, die man nur schwer aufsammeln kann!

Manchmal legen Igel ihr Nest in einem Garten an. Pass gut auf: Die Babys sind oft unter einem Laubhaufen versteckt.

Wenn er im Gras spazieren geht, kann der kleine Igel leicht von einem Dachs oder einem Fuchs angegriffen werden.

Wie das Gürteltier rollt sich auch der Igel zu einer Kugel zusammen, um sich bei Gefahr zu schützen.

Lernen fürs Leben

So wie du müssen auch Tierkinder eine Menge lernen, wenn sie heranwachsen. Um allein zurechtzukommen, müssen die meisten von ihnen in der Lage sein, sich zu putzen, zu jagen oder auch zu fliegen.

1, 2, 3 – los!

Gar nicht so einfach, von der Stelle zu kommen, wenn man noch so klein ist! Die meisten Tierbabys müssen viel üben, bis sie so schnell fliegen, laufen oder schwimmen können wie ihre Eltern.

Der Basstölpel

Um Nahrung zu finden, muss er lernen, unter Wasser zu fischen. Zum Glück ist er schon stark genug, um eine Woche ohne etwas zu fressen auszukommen, falls er keinen Fisch fängt ...

Bis zu seinem ersten erfolgreichen Tauchgang im Meer hat der junge Basstölpel schon mehrere Versuche hinter sich.

Die Gazelle

Damit sie in der afrikanischen Savanne überlebt, muss die kleine Gazelle schnell rennen können, um Raubtieren zu entkommen. Schon nach kurzer Zeit beherrscht sie eindrucksvolle Sprünge!

Obwohl sie noch ganz jung ist, rennt diese Gazelle schon schneller als du!

Die kleine Robbe ist noch nicht schnell genug, um allein im Wasser umherzutauchen. Ohne ihre Mutter könnte sie leicht von einem Orca angegriffen werden!

Die Robbe

Wie seine Mutter hat die kleine Robbe alles, was sie zum Schwimmen benötigt: Flossen, um sich vorwärts zu bewegen, und einen Schwanz, um unter Wasser zu lenken. Allerdings muss sie noch ein bisschen wachsen, bis sie ihr erstes Bad im Meer nehmen kann.

Der Antarktische Kormoran

Er wird mit schwarzen Flaumfedern geboren, die ihn gegen die Kälte schützen. Mit ihnen kann er allerdings nicht fliegen. Der kleine Kormoran wird das Nest erst verlassen, wenn ihm sein bleibendes Federkleid gewachsen ist!

Der junge Kormoran kann noch nicht fliegen. Er übt aber schon, mit den Flügeln zu schlagen, um seine Muskeln zu stärken.

Jagen lernen

Die meisten Tiere jagen, um sich zu ernähren. Sobald sie groß genug sind, folgen die Kinder ihren Eltern, um zu lernen, wie man eine Beute erlegt.

Der Orca

Man nennt ihn auch Schwertwal. Wie seine Eltern wird der junge Orca schon bald ein eifriger Jäger sein, vor dem sich Robben und Delfine in Acht nehmen müssen.

Dieser kleine Orca übt gemeinsam mit seiner Mutter das Jagen im kalten Meer.

Der Gepard

Er kann sehr schnell rennen, aber nicht sehr lange. Gelingt es ihm nicht auf Anhieb, eine Gazelle zu fangen, entwischt sie ihm. Es braucht viel Übung, um ein erfolgreicher Jäger zu werden!

Sobald sie groß genug sind, begleiten die Gepardenjungen ihre Mutter bei der Jagd.

Die kleinen Grizzlybären können noch keine Fische fangen. Ihre Mutter teilt deshalb alle Fische mit ihnen, die sie fängt.

Der Grizzlybär

Jeden Sommer strömen mehrere Millionen Lachse durch die Flüsse im hohen Norden. Die Grizzlybären warten auf sie, um sie zu fangen. Ein wahres Festessen!

Der Polarfuchs

Dieser kleine Fuchs lebt in kalten Regionen. Er jagt Nagetiere, Vögel und Fische. Manchmal folgt er auch einem Eisbären, um die Reste von dessen Beute zu fressen.

Der kleine Polarfuchs lernt zu jagen, indem er zunächst Vögel tötet, die ihm seine Eltern bringen.

Sich allein putzen

Wenn Mama nicht da ist, muss man sich ganz allein pflegen …
An die Arbeit, Kinder!

Der Tiger

Ohne seine Krallen könnte er nicht mehr jagen. Der Tiger muss deshalb darauf achten, sie stets sorgfältig zu pflegen, damit sie sauber und scharf bleiben.

Der kleine Tiger hat eine ganz raue Zunge. Er verwendet sie als Waschlappen!

Die Wanderratte

Diese Ratte liebt ausgiebige Körperpflege! Sie putzt sich von Kopf bis Fuß, wenn sie schmutzig ist, wenn sie friert oder wenn sie einfach nur etwas unruhig ist.

Die kleine Wanderratte putzt mit ihren Pfoten ihr niedliches Gesicht.

Die Fliege entfernt Zuckerkörner, die an ihren Beinen kleben, indem sie die Beine fest gegeneinanderreibt.

Die Fliege

Sobald sie mit dem Fressen fertig ist, putzt sich die Fliege ausgiebig. Sie säubert ihre Beine und Flügel, bevor sie wieder davonfliegt.

Die Diademamazone

Dieser Vogel hat sehr geschickte Füße. Mit ihnen kann er sich an Zweigen festklammern, Früchte halten oder Samenkörner schälen. Er ist genauso wendig wie ein kleiner Affe.

Maniküre überflüssig! Dieser Papagei kümmert sich ganz allein um die Pflege seiner Krallen.

Der Kaninchenkauz

Diese Eule hat lange Beine und einen braunen Körper mit weißen Streifen. In der Nacht fliegt sie in den amerikanischen Prärien umher. Den Tag verbringt sie – ähnlich wie Kaninchen – versteckt in einem Bau, wo sie vor der giftigen Klapperschlange in Sicherheit ist.

Wie alle Vögel benutzt der Kaninchenkauz seinen Schnabel, um sich das Gefieder zu putzen.

Reden wie die Großen

Wenn du älter wirst, verändert sich deine Stimme. Das ist bei Tierkindern genauso! Ihre Stimme ist oft höher und noch nicht so kräftig wie die ihrer Eltern.

Der Wolf

Der Wolf heult, um die anderen Wölfe zu rufen: Sofort antwortet seine Familie. Dieser einzigartige Laut ist ein wirksames Mittel, um sich gegenseitig zu erkennen und sich im Wald miteinander zu unterhalten.

Die Stimmen der kleinen Wölfe sind noch nicht so durchdringend wie die ihrer Eltern. Jede von ihnen klingt anders.

Der Leopard

Dieses prächtige Raubtier lebt in den Wäldern Afrikas und Asiens. Der Leopard schnurrt wie eine große Katze. Um Feinde abzuschrecken, kann er aber auch laut brüllen.

Dieser kleine Leopard kann noch nicht so laut brüllen wie seine Eltern.

Wie seine Eltern hat der kleine Brüllaffe einen sehr kräftigen Kehlkopf und einen besonderen Hautsack im Rachen. Bald wird er viel lauter schreien können als du.

Der Brüllaffe

Man nennt ihn Brüllaffe, weil er eines der lautesten Tiere im tropischen Regenwald ist. Sein Schrei ist so durchdringend, dass man ihn noch in weiter Ferne hört …

Lernen in der Familie

Der Schimpanse ist der Affe, der die größte Ähnlichkeit mit dem Menschen hat. Genau wie du wachsen kleine Schimpansen bei ihren Eltern auf.

Gar nicht so einfach, die Termiten mit einem Zweig herauszuholen. Der kleine Schimpanse lernt fleißig, indem er den erwachsenen Tieren seiner Gruppe genau zusieht.

Leben im Wald

Der kleine Schimpanse lebt in den Wäldern Afrikas. Dort verbringt er die Nächte eng an den warmen Körper seiner Mutter gekuschelt. Tagsüber begleitet er sie bei allem, was sie tut: So bringt sie ihm bei, was er wissen muss.

Nicht alle Blätter an den Bäumen sind zum Fressen geeignet. Von seiner Mutter lernt der kleine Schimpanse, sie von den essbaren zu unterscheiden.

Die meisten Affenarten können nicht schwimmen. Der kleine Schimpanse muss gut aufpassen: Würde er in den Fluss fallen, könnte er ertrinken.

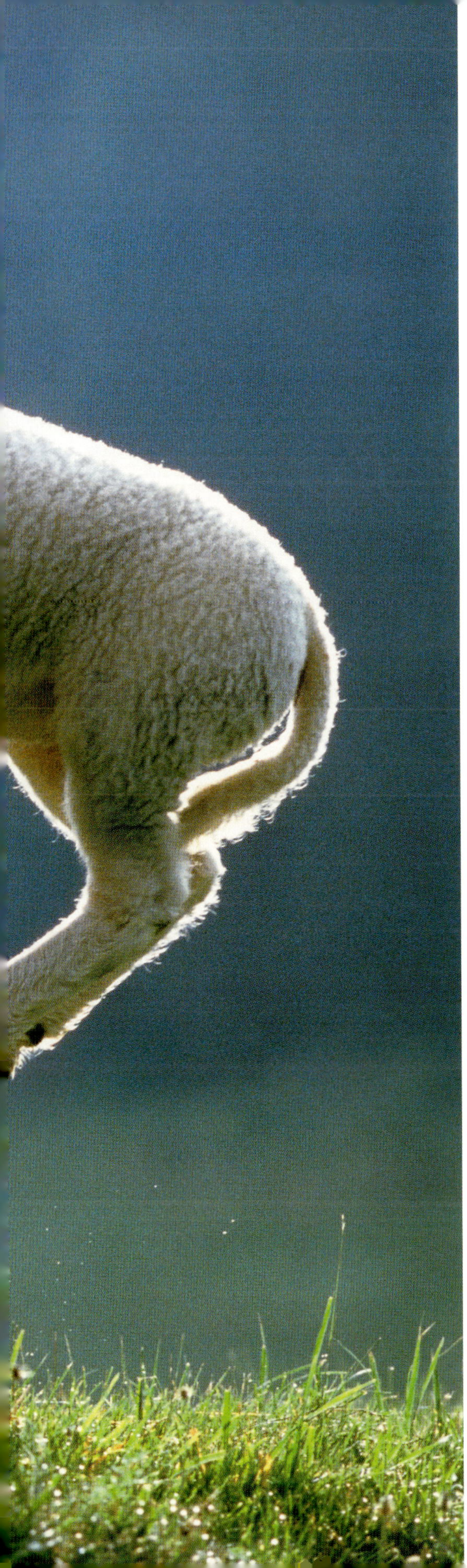

Spiel und Spaß!

Wenn sie nicht gerade schlafen oder fressen, verbringen viele Tierkinder ihre Zeit mit Spielen. Besonders gern ahmen sie die Großen nach. Was für ein Spaß!

Alles macht Spaß

Spielzeug ist gar nicht nötig: Wenn man klein ist, lässt sich alles verwenden, um Spaß zu haben, seine Reflexe zu entwickeln und die Muskeln zu stärken …

Das Schaf

Das Baby von Schaf und Widder heißt Lamm. Inmitten der Herde spielt es und hüpft herum. Später einmal wird es genauso gut springen können wie die erwachsenen Tiere.

Aus dem Stand kann dieses kleine Lamm höher springen als du!

Der Löwe

In der afrikanischen Savanne leben die Löwen als Familie zusammen. Während sich die erwachsenen Tiere im Schatten einer Akazie ausruhen, spielen die Löwenkinder ausgelassen: Sie verfolgen sich gegenseitig und raufen miteinander.

Der kleine Löwe fängt spielerisch den Schwanz seiner Mutter, besonders, wenn sie ihn bewegt.

Die kleinen Japanmakaken lassen sich von den Ästen herabhängen, um ihre Kräfte zu testen.

Der Japanmakak

Er hat ein rosafarbenes Gesicht und ein dichtes Fell. Dieser Affe lebt auf Inseln, auf denen es im Winter sehr kalt wird. Er wächst im Schnee auf und nimmt Bäder in heißen Quellen.

Die Katze

Eine ausgewachsene Katze jagt Vögel und Mäuse. Doch bis zum Alter von einem Jahr übt sie noch: Sie fängt Korken, Fliegen oder kleine Bälle!

Wenn du Katzenbabys hast, beobachte sie einmal beim Spielen: Sie lieben es, sich aus Spaß gegenseitig umzuschubsen.

Raufereien

Sie beißen sich gegenseitig, rempeln sich an und balgen miteinander …
Aber keine Angst! Die Tierkinder kämpfen nur zum Schein.

Das Graue Riesenkänguru

Der Cousin des Roten Riesenkängurus ist ganz schön rauflustig: Die erwachsenen Männchen verpassen sich mit den Pfoten gegenseitig heftige Schläge und Tritte, um zu bestimmen, wer sich als Erster mit dem Weibchen paaren darf.

Wie die erwachsenen Tiere stützen sich die kleinen Kängurus schon auf ihrem Schwanz ab, um aufrecht stehen zu bleiben.

Die kleinen Steinböcke kämpfen spielerisch, indem sie ihre Hörner gegeneinanderstoßen.

Der Alpensteinbock

Er lebt in Herden im Gebirge. Die Weibchen haben kleine Hörner, die Hörner der Männchen sind dagegen viel größer!

Das Warzenschwein

Es hat Warzen, eine Mähne und einen weißen Backenbart. Das kleine Warzenschwein hat wirklich einen lustigen Kopf! Es lebt in der Savanne und wird von seiner Mutter beschützt.

Kopf an Kopf versuchen diese kleinen Warzenschweine, sich durch Schieben gegenseitig aus dem Gleichgewicht zu bringen. Wer zuerst aufgibt, hat verloren!

Der Nordluchs

Selbst wenn du ihn suchst, wirst du ihn nicht finden! Der Luchs lebt ganz verborgen im Wald. Er verlässt sein Versteck nur, um auf die Jagd zu gehen.

Während ihre Mutter auf der Jagd ist, raufen die kleinen Luchse miteinander.

Der Rotfuchs

Ein roter Blitz im Wald … Zwei junge Füchse jagen sich spielerisch. Danach toben sie herum und beißen und balgen sich. Später einmal werden sie echte Kämpfe austragen.

Wer ist der Stärkere? Die kleinen Füchse messen ihre Kräfte und stärken dabei ihre Muskeln.

Sehr verspielt

Wozu dient diese lustige Nase? Beim Spielen entdeckt der kleine Elefant, dass er allerlei Dinge mit seinem Rüssel anstellen kann …

Lustiges Werkzeug

Der Rüssel eines Elefanten hat Tausende kleine Muskeln. Der Elefant benutzt ihn zum Atmen, Riechen, Tasten und zur Verständigung. Sein Rüssel ist größer, schwerer und stärker als du.

Zwei kleine Elefanten liebkosen sich mit dem Rüssel.

Der kleine Elefant lernt schnell, seinen Rüssel wie eine Hand zu benutzen – wie hier, um Blätter abzureißen und festzuhalten.

Der kleine Elefant spielt für sein Leben gern im Fluss. Er liebt es, mit seinem Rüssel Wasser einzusaugen und sich dann damit nass zu spritzen.

Endlich groß!

Der Tag des Abschieds ist gekommen: Die Tierkinder sind groß geworden und verlassen ihre Eltern. Jetzt ist es an der Zeit, dass sie selbst Nachwuchs bekommen.

Auf eigenen Füßen

Wenn die Tierkinder nicht mehr darauf angewiesen sind, von ihrer Familie gefüttert und beschützt zu werden, beginnen sie, ihren Alltag allein zu meistern.

Das Dreizehenfaultier

Den Namen Faultier trägt es, weil es fast immer schläft. Es wächst bei seiner Mutter auf und hängt an einem Ast in den Bäumen. Es klettert nur hinunter, um sein Geschäft zu verrichten.

Ab dem Alter von einem Jahr lernt das Faultier, allein im tropischen Regenwald zu leben.

Der Streifenskunk ist etwa so groß wie eine Katze. Er lebt ganz für sich allein in den Wäldern Nordamerikas.

Der Streifenskunk

Der Streifenskunk verlässt seine Mutter, sobald er in der Lage ist, sich selbst zu verteidigen. Wenn man ihn stört, versprüht er eine Flüssigkeit, die schlimmer riecht als eine Stinkbombe!

Die Tüpfelhyäne

Sie hat abstehende Ohren, ein abfallendes Hinterteil und stößt einen Schrei aus, der wie Gelächter klingt! Die Tüpfelhyäne lebt innerhalb einer Herde in der afrikanischen Savanne, wo sie sich hauptsächlich von den Kadavern toter Tiere ernährt.

Die Tüpfelhyäne wächst mit ihrer Familie in einem Bau auf. Danach geht sie ihren eigenen Weg.

Der Barrakuda

Solange sie klein sind, bleiben die jungen Barrakudas beieinander, um nicht von Thunfischen gefressen zu werden: Sie bilden große Gruppen, sogenannte Schwärme. Später trennen sie sich jedoch.

Ein ausgewachsener Barrakuda kann doppelt so groß sein wie du!

Der Buckelwal

Dieser Wal trägt seinen Namen, weil er seinen Rücken nach oben wölbt, wenn er ins Wasser eintaucht. Er lebt allein oder innerhalb kleiner Gruppen in allen Weltmeeren.

Der kleine Buckelwal verlässt seine Mutter, sobald er groß genug ist, um allein auf die Jagd zu gehen.

Abschiedsschmerz

Der Orang-Utan ist ein großer Affe mit rotem Fell, der in den Bäumen des tropischen Regenwalds lebt. Er wächst bei seiner Mutter auf. Doch irgendwann ist der Tag gekommen, an dem er sich von ihr trennen muss ...

In den ersten Wochen seines Lebens verbringt der kleine, zerzauste Affe den ganzen Tag damit, zu schlafen und Milch bei seiner Mutter zu trinken.

Das Absetzen

Dieser Affe ist dem Menschen so ähnlich, dass die Malaien ihn „Orang-Utan" genannt haben, was so viel bedeutet wie „Mensch des Waldes". Genau wie du hängt das Affenbaby sehr an seiner Mutter, die es säugt und vor Gefahren beschützt. Doch eines Tages erlaubt sie ihm nicht mehr, bei ihr Milch zu trinken: Diesen Zeitpunkt bezeichnet man als Absetzen.

Wenn er größer wird, frisst der Orang-Utan Früchte und Blätter. Seine Mutter lässt ihn von mehr als 200 verschiedenen Pflanzen kosten.

Sobald er erwachsen ist, lebt der Orang-Utan für sich allein. Von Zeit zu Zeit geht er aber noch seine Mutter besuchen ...

Anführer werden

Gar nicht so einfach, der Anführer zu sein! Wenn ein Jungtier später einmal eine eigene Gruppe leiten möchte, muss es sehr stark sein. Und einige Kämpfe gewinnen ...

Um zu zeigen, wer der Chef ist, fletscht der Wolf seine Zähne. Der andere legt sich als Zeichen der Unterwerfung hin.

Der Wolf

Er lebt in einer Gruppe, die man Rudel nennt. Innerhalb dieser großen Familie muss der kleine Wolf dem Anführerpaar gehorchen, das alle anderen Wölfe leitet.

Die jungen Elche kämpfen mit ihren Geweihen gegeneinander, um herauszufinden, wer der Stärkere ist.

Der Elch

Er lebt in den Wäldern Europas und Nordamerikas. Wenn ein männlicher Elch ausgewachsen ist, kann er mehr als 500 Kilogramm wiegen und ein Geweih haben, das schwerer ist als du.

Was für eine Keilerei! Die gierigsten Geierbabys kommen bei der Fütterung zuerst an die Reihe.

Der Gänsegeier

Dieser große Raubvogel lebt in Kolonien auf Felsen. Er frisst Kadaver von Kühen oder Schafen, die er mit seinen scharfen Augen ausfindig macht, während er hoch oben am Himmel kreist.

Der Mandrill

Man erkennt ihn an seiner „Kriegsbemalung“. Die leuchtende Gesichtsfarbe dieses afrikanischen Affen bildet sich erst, wenn er etwa vier bis fünf Jahre alt ist. Vorher ist er noch zu klein, um zu kämpfen.

„Vorsicht, ich beiße!“ Das bringt dieser Mandrill zum Ausdruck, indem er seine Eckzähne zeigt.

Bald selbst Eltern

Die Tierkinder sind groß geworden. Nun suchen sich die jungen Männchen ihrerseits ein Weibchen, mit dem sie Nachwuchs haben werden.

Der Kampfläufer

Wenn dieser Vogel einem Weibchen den Hof macht, präsentiert er sich von seiner besten Seite, um dem Weibchen zu zeigen, dass er gesunden Nachwuchs zeugen kann.

Der Kampfläufer entfaltet seine schönsten Federn, um das Weibchen zu beeindrucken.

Der Laubfrosch

Dieser hübsche Frosch lebt für sich allein in den Bäumen. An seinen Füßen hat er Saugnäpfe. Mit ihnen kann er wunderbar auf Blättern herumklettern, ohne herunterzufallen.

Quak! Quak! Dieser männliche Laubfrosch singt, um Weibchen auf sich aufmerksam zu machen.

Bevor sie sich paaren, vollführen Mandschurenkraniche immer erst einen kleinen Tanz im Schnee.

Der Mandschurenkranich

Dieser große schwarz-weiße Vogel lebt in Asien innerhalb großer Gruppen. Mit zwei bis drei Jahren können die Weibchen Nachwuchs bekommen.

Das Grévyzebra

In der afrikanischen Savanne herrscht Aufregung unter den jungen Zebras: Die vier oder fünf Jahre alten Männchen können jetzt Nachwuchs zeugen und kämpfen um die Gunst der Weibchen!

Dieses junge Zebra-Männchen bäumt sich vor einem Weibchen auf, um zu zeigen, wie stark es ist.

Index

Bildnachweis

ARIOKO

Yves Lanceau: S. 11 (u.), S. 24 (o.); Christian Waltier © Watier-Visuel: S. 18-19; Lebeaux: S. 23 (o.), S. 36 (u.); Fouquet: S. 52 (o.); Van Steen: S. 66 (o.), S. 72 (o.); Lucky: S. 88 (o.); Labat/Rouquette: S. 100 (u.), S. 107 (u.); Labat: S. 105; Damman: S. 109 (u.).

BIOS

Michel Denis-Huot: Foto der Rückseite (o.r.), S. 98 (u.); Christophe Courteau: Foto der Rückseite (u.l.); Roger Le guen: Foto der Rückseite; Robert Schoen: S. 6 (Mitte o.), S. 8; Klein J.-L. & Hube: S. 7 (u.), S. 9 (u.), S. 67, S. 102 (o.), S. 114; Colbeck Martyn: S. 11 (o.); Muriel Duhau: S. 13 (o.); Patricia Danna: S. 13 (u.); Véronique Fournier: S. 14 (o.); Régis Cavignaux: S. 14 (u.), S. 88 (u.), S. 109 (o.); Fred Barendam: S. 15 (u.); Parer David & Pare: S. 20 (o.); Suzi Eszterhas: S. 26 (o.); François Mordel: S. 31 (Mitte); Europhoto: S. 36 (o.); Joël Héras: S. 37; Alain Mafart-Renodier: S. 45 (o.); John Cancalosi/Peter Arnold: S. 48 (o.); Martin Gilles: S. 48 (u.); Cyril Ruoso: S. 53, S. 65 (o.), S. 79 (o.), S. 119; Jean-Paul Ferrero: S. 56 (o.); Frédéric Desmette: S. 58 (u.); Pierre Huguet: S. 58 (o.); Jean-Jacques Alcalay: S. 60 (u.), S. 95 (o.), S. 125; Dominique Delfino: S. 61 (u.); Franz Kovacs: S. 62 (o.); Christophe Perelle: S. 63; Henry Ausloos: S. 66 (u.); Claudia Fisher: S. 74 (u.); Frans Lemmens: S. 76 (o.); Rob Nunnington: S. 77; Michel Gunther: S. 78 (u.); Jean-Michel Labat: S. 82 (l.); Thierry Montford: S. 82 (r.), S. 89 (u.), S. 116 (o.); Marilyn Kazmers: S. 83 (u.); Clyne Densey: S. 85 (u.); Jean-Paul Chatagnon: S. 85 (o.), S. 110 (u.), S. 115 (u.); Christian König: S. 86 (u.); Robert Henno/Wildlife Picture: S. 89 (Mitte); Robert Wu: S. 89 (o.); Xavier Eichaker: S. 91 (u.); Laurent Geslin: S. 7 (Mitte), S. 94; François Gohier: S. 97 (o.); Claudius Thiriet: S. 107 (o.); Fabrice Cahez: S. 111 (u.); Nigel J. Dennis: S. 112 (o.); Peter Arnold/Secret Visions: S. 117 (Mitte).

C NATURE

Laurent Bessol: S. 46 (o.), S. 101 (o.).

COLIBRI

F. & J.-L. Ziegler: S. 25; J.-M. Prevot: S. 35; A. Trombini: S. 40 (o.), S. 111 (Mitte); A.-M. Loubsens: S. 41 (u.), S. 73 (o.), S. 78 (o.), S. 96 (u.), S. 100 (o.), S. 102 (u.), S. 104 (u.); G. Abadie: S. 51 (u.), S. 56 (u.); J.-M. Brunet: S. 65 (u.); D. Haution: S. 81 (u.); C. Baranger: S. 91 (o.); T. Vezon: S. 96 (o.); S. Bonneau: S. 113.

CORBIS

DiMaggio/Kalish: S. 21 (o.); Alan & Sandy Caray: S. 31 (o.); Frank Lukassek: S. 39 (u.); Radius Images: S. 55 (u.); Momatiuk-Eastcott: S. 98 (o.).

EYEDEA DISTRIBUTION

Christina Krutz: S. 79 (Mitte).

RAPHO

Xavier Desmie: S. 11 (Mitte).

HOA QUI

Morales: S. 17 (o.); Kelvin Aitken: S. 27 (u.); Michel Denis-Huot: S. 30 (o.); Frank Siteman: S. 31 (u.); Anup & Manoj Shah: S. 42 (u.); Ronald Wittek: S. 52 (u.), S. 116 (u.).

JACANA

José B. Ruiz: S. 28 (u.); Sylvain Cordier: S. 29 (o.), S. 122 (o. & u.), S. 123 (o.); Duncan McEwan: S. 34 (u.); Alan James: S. 47 (u.); Patrick Lorne: S. 60 (o.); Imagestate/Top: S. 57 (o.); Michel Bailleau: S. 93; Angelo Gandolfo: S. 92 (o.); Christine Caillière: S. 97 (u.); Karl Ammann: S. 104 (o.); Anup & Manoj Shah: S. 118 (u.).

I-STOCK

Eric Isselée: Titelfoto.

NHPA/PHOTOSHOT

Steve Austin: Foto der Rückseite (Mitte); Joe McDonald: S. 10 (o.); Dave Watts: S. 20 (u.); Bryan & Cherry Alexander: S. 33 (u.); Gabriele Boiselle: S. 41 (o.); Mauricio Handler: S. 44 (o.); Vhellio & Van Ingen: S. 73 (u.); Ann & Steve Toon: S. 76 (u.); A.N.T. Photo Library: S. 81 (o.); T. Kitchin & V. Hurst: S. 84 (u.); Jonathan & Angela Scott: S. 108 (u.); Ernie Janes: S. 108 (o.), S. 112 (u.); Dave Watts: S. 62 (o.); A.N.T.: S. 64 (u.); John Shaw: S. 117 (u.); Bill Coster: S. 121 (o.).

PHOTOLIBRARY

Zigmund Leszczynski: S. 4, S. 9 (o.), S. 16, S. 34 (o.), S. 83 (o.); Gerald Hinde/Gallo Images: S. 5, S. 87; Christian Heinrich: S. 6 (Mitte), S. 22; Radius Images: S. 6 (Mitte u.), S. 38; David Maitland: S. 6 (u.), S. 50; Les Stocker: S. 6 (o.), S. 69 (o.); Brandx: S. 7 (Mitte o.), S. 80; Manfred Delfo: S. 7 (o.), S. 68; Juniors Bildarchiv: S. 7 (Mitte u.), S. 12 (u.), S. 27 (o.), S. 46 (u.), S. 71 (o.), S. 103, S. 106; Elliott Neep: S. 10 (u.), S. 55 (o.); Morales: S. 12 (o.), S. 90 (o.); Volvox: S. 15 (o.); Sunset Photo Agency: S. 16 (o.); Carlos Sanchez: S. 17 (u.); Charles-Philip Cangialosi: S. 21 (u.); Gerard Schulz: S. 23 (u.); Helmut Heintges: S. 24 (u.); Richard & Julia Kemp: S. 26 (u.); D. Allen: S. 28 (o.); Eyecandy Images: S. 29 (u.); Justus de Cleveland: S. 30 (o.); Photo24: S. 32 (o.); Don Farall: S. 32 (u.); Mark Jones: S. 33 (o.); Nigel Dennis: S. 39 (o.), S. 44 (u.); Nick Gordon: S. 40 (u.); Bryan Reynolds: S. 41 (Mitte); Lynn D. Odell: S. 42 (o.); Peter Lilja: S. 43; Nigel Pavitt: S. 45 (u.); Umberto Fabbri: S. 47 (o.); Bildagentur Rm: S.49; Corbis: S. 51 (o.), S. 65 (Mitte); Steve Gottlieb: S. 54 (o.); Rob Henderson: S. 54 (u.); Don Enger: S. 57 (u.); Ronald Wittek: S. 59, S. 120 (l.); Oxford Scientific: S. 61 (o.); Robin Bush: S. 64 (o.); Bernd Zoller: S. 69 (u.); Creatas: S. 70 (l.); Tim Shepherd: S. 70 (r.); Steve & Ann Toon: S. 71 (u.), S. 115 (o.); Thorsten Milse: S. 72 (u.); Werner Bollmann: S. 74 (o.); Henry Ausloos: S. 75; Mary Plage: S. 79 (u.); Erwin & Peggy Bauer: S. 84 (o.), S. 95 (u.); Mickey Gibson: S. 86 (o.); Emanuele Biggi: S. 90 (u.); Michael Leach & Meriel Lland: S. 92 (u.); Parker Susann: S. 99 (o.); Purestock: S. 99 (u.); Rosemary Calvert: S. 101 (Mitte); Phyllis Greenberg: S. 101 (u.); Gerald Hoberman: S. 111 (o.); DV: S. 110 (o.); Konrad Wothe: S. 117 (o.); Dlillc S. 118 (o.); James H. Robinson: S. 120 (r.); Tom Brakefield: S. 121 (u.); Mickael Krabs: S. 123 (u.).